RECUEIL

DES

DÉCRETS, CIRCULAIRES, DÉCISION ET INSTRUCTION

RELATIFS AUX

NOMINATIONS D'OFFICIERS

A TITRE TEMPORAIRE PENDANT LA DURÉE DE LA GUERRE

———

Août 1915.

PARIS
Henri CHARLES-LAVAUZELLE
Éditeur militaire
124, Boulevard Saint-Germain, 124
—
MÊME MAISON A LIMOGES

RECUEIL

DÉCRETS, CIRCULAIRES, DÉCISION ET INSTRUCTION

RELATIFS AUX

NOMINATIONS D'OFFICIERS

A TITRE TEMPORAIRE PENDANT LA DURÉE DE LA GUERRE

Août 1915.

PARIS

HENRI CHARLES-LAVAUZELLE

Éditeur militaire

124, Boulevard Saint-Germain, 124

MÊME MAISON A LIMOGES

RECUEIL

DES

DÉCRETS, CIRCULAIRES, DÉCISION ET INSTRUCTION

RELATIFS AUX

NOMINATIONS D'OFFICIERS

A TITRE TEMPORAIRE PENDANT LA DURÉE DE LA GUERRE

Cabinet du Ministre; Bureau du Personnel des Officiers généraux, Décorations, Affaires diverses et d'ordre général. — N° 173.

Décret relatif à la nomination à titre temporaire, pendant la durée de la guerre, au grade de sous-lieutenant ou assimilé.

Bordeaux, le 12 novembre 1914.

Le Président de la République française,

Sur le rapport du Ministre de la guerre;

Vu l'article 3 de la loi du 25 février 1875 relative à l'organisation des pouvoirs publics;

Vu la loi du 14 avril 1832 sur l'avancement dans l'armée;

Vu l'ordonnance du 16 mars 1838 portant règlement, d'après la hiérarchie militaire des grades et des fonctions, sur la progression de l'avancement et la nomination aux emplois dans l'armée;

Vu le décret du 10 décembre 1907 relatif à l'avancement des officiers de réserve et de l'armée territoriale;

Vu le décret du 2 août 1914 relatif à la réintégration dans leur ancien grade des officiers démissionnaires;

Vu le décret du 26 août 1914 relatif à l'avancement pendant la durée de la guerre, modifié par le décret du 2 octobre suivant;

Le Conseil des Ministres entendu,

Décrète :

Art. 1er. Pendant la durée de la guerre, dans chaque arme ou service, pourront être nommés, à titre temporaire, par le Ministre de la guerre, au grade de sous-lieutenant ou assimilé de l'armée active, de la réserve ou de l'armée territoriale, les hommes de troupe et employés militaires de tous grades qui rempliront les conditions fixées par des instructions ministérielles.

Pourront être également nommés, sous les conditions à déterminer, ainsi qu'il est dit ci-dessus, mais dans la réserve ou l'armée territoriale seulement, les hommes dégagés de toute obligation militaire.

Art. 2. Pendant la durée de la guerre, les officiers d'administration des services de l'armée active, de la réserve et de l'armée territoriale peuvent être admis, par décision ministérielle, à servir dans les corps de troupe avec le grade dont ils ont l'assimilation.

Art. 3. Pendant la durée de la guerre, les officiers en retraite et les officiers de réserve des divers corps de la marine, non employés par ce département, peuvent être admis, par décision du Ministre de la guerre concertée avec le Ministre de la marine, à servir dans les corps et services de l'armée.

Art. 4. Les nominations et promotions, à titre temporaire, prévues aux articles 1 à 3 ci-dessus, sont faites, pour chaque arme ou service, dans les limites numériques correspondant aux besoins constatés par le Ministre de la guerre.

Art. 5. Les dispositions qui précèdent porteront effet à dater du 2 août 1914. En conséquence, sont confirmées les nominations et promotions, à titre temporaire, autres que celles effectuées en application du décret du 26 août 1914 susvisé, faites depuis le 2 août 1914 jusqu'à ce jour.

Art. 6. Le Ministre de la guerre est chargé de l'exécution du présent décret, qui sera publié au *Journal officiel* de la République française et inséré au *Bulletin des lois.*

Fait à Bordeaux, le 12 novembre 1914.

R. POINCARÉ.

Par le Président de la République :

Le Ministre de la guerre,

    A. MILLERAND.

Direction de l'Infanterie; Bureau des Etablissements de l'Infanterie, Personnel des Officiers des réserves. — N° 88.

Décision ministérielle portant allocation d'une indemnité de première mise d'équipement à tous les sous-lieutenants de réserve et de l'armée territoriale ou assimilés de toutes armes et de tous services sans exception nommés à ce grade depuis le début de la mobilisation ou à nommer ultérieurement soit à titre définitif, soit à titre temporaire.

Bordeaux, le 19 novembre 1914.

L'indemnité de première mise d'équipement est allouée à tous les sous-lieutenants de réserve et de l'armée territoriale ou assimilés de toutes armes et de tous services, sans exception, nommés à ce grade depuis le début de la mobilisation ou à nommer ultérieurement soit à titre définitif, soit à titre temporaire.

Cette indemnité sera attribuée par les soins du service de l'intendance dans les mêmes conditions que les premières mises d'équipement allouées aux sous-lieutenants de l'armée active.

Le taux de cette indemnité est celui fixé par l'article 106 de l'instruction du 2 février 1909, c'est-à-dire 250 francs pour les officiers non montés et 300 francs pour les officiers montés.

État-Major de l'Armée; Section du Personnel du Service d'état-major. — N° 126.

Décret relatif aux nominations, à titre temporaire, dans le corps des interprètes militaires de complément.

Document applicable *aux troupes métropolitaines exclusivement.*

Bordeaux, le 3 décembre 1914.

Le Président de la République française,

Sur le rapport du Ministre de la guerre;

Vu l'article 3 de la loi du 25 février 1875 relative à l'organisation des pouvoirs publics;

Vu la loi du 14 avril 1832 sur l'avancement dans l'armée;

Vu l'ordonnance du 16 mars 1838 portant règlement, d'après la hiérarchie militaire des grades et des fonctions, sur la progression de l'avancement et la nomination aux emplois dans l'armée;

Vu le décret du 21 mai 1910 portant réorganisation du corps des interprètes militaires de la réserve et de l'armée territoriale;

Le Conseil des Ministres entendu,

Décrète :

Art. 1er. Pendant la durée de la guerre, pourront être nommés par le Ministre de la guerre, sans concours, au grade d'interprète stagiaire de complément, à titre temporaire, les hommes de troupe et employés militaires de tous grades de la réserve et de l'armée territoriale, et les hommes dégagés de toute obligation militaire qui rempliront les conditions fixées par des instructions ministérielles.

Art. 2. Les nominations envisagées ci-dessus seront faites dans les limites numériques correspondant aux besoins constatés par le Ministre de la guerre.

Art. 3. Les dispositions qui précèdent porteront effet à dater du 2 août 1914. En conséquence, sont confirmées les nominations à titre temporaire faites depuis cette date jusqu'à ce jour.

Art. 4. Le Ministre de la guerre est chargé de l'exécution du présent décret, qui sera publié au *Journal officiel* de la République française et inséré au *Bulletin des lois.*

Fait à Bordeaux, le 3 décembre 1914.

R. POINCARÉ.

Par le Président de la République :

Le Ministre de la guerre,

    A. MILLERAND.

État-major de l'Armée; Bureau de l'Organisation et de la Mobilisation de l'Armée. — N° 134.

Instruction pour l'application du décret du 12 novembre 1914 relatif à la nomination à titre temporaire, pour la durée de la guerre, au grade de sous-lieutenant ou assimilé.

Bordeaux, le 13 décembre 1914.

DISPOSITIONS GÉNÉRALES.

Art. 1er. Le décret du 12 novembre 1914 n'apporte aucune modification aux dispositions prévues par le décret du 2 octobre 1914 et relatives aux nominations de sous-lieutenants à titre temporaire aux armées, nominations prononcées par le général commandant en chef sous réserve de la ratification du Ministre. Ces nominations continueront donc à pouvoir être effectuées comme par le passé.

Art. 2. Les nominations à titre temporaire prévues par l'article 1er du décret du 12 novembre 1914 sont prononcées par le Ministre; elles ne sont faites, en principe, que pour la durée de la guerre.

Ne pourront être proposés, quel que soit l'arme ou le service, que les hommes de troupe ou hommes dégagés de toute obligation militaire qui présenteront toutes les qualités à exiger d'un officier sous le rapport de l'honorabilité et de l'esprit de discipline. En conséquence, ne pourront en aucun cas être proposés :

Les hommes ayant antérieurement subi une condamnation à une peine afflictive ou infamante;

Les hommes ayant antérieurement subi une condamnation à une peine correctionnelle d'emprisonnement, si la nature du délit et la gravité de la peine paraissent de nature à faire écarter rigoureusement la proposition;

Les anciens officiers ministériels destitués par jugement ou révoqués par mesure disciplinaire;

Les anciens commerçants faillis; *

Les anciens fonctionnaires ou agents civils révoqués par mesure disciplinaire;

Les anciens officiers de l'armée active ou de complément destitués par jugement où réformés par mesure disciplinaire;

Les anciens sous-officiers, caporaux ou brigadiers de l'armée active ou des réserves rétrogradés ou cassés;

Les anciens sous-officiers commissionnés, révoqués ou mis à la retraite d'office par mesure disciplinaire.

Tous les candidats au grade de sous-lieutenant ou assimilé à titre temporaire devront posséder une instruction générale suffisante. Cette instruction générale sera constatée soit par la production des diplômes, certificats, titres universitaires, visés dans les articles suivants, soit par une épreuve écrite comprenant uniformément une composition française qui portera sur les connaissances générales, une composition d'histoire et de géographie, une composition d'arithmétique. Les sujets des compositions seront donnés par le Ministre; deux heures seront accordées aux candidats pour chacune d'elles. Pour certaines armes, l'examen d'instruction générale sera complété par des épreuves spéciales ainsi qu'il est dit dans les articles suivants.

Art. 3. Les officiers ou assimilés, nommés à titre temporaire, par application du décret du 12 novembre, prendront rang du jour de la décision ministérielle qui les a nommés. Toutefois, les officiers d'administration visés à l'article 2 du décret continueront à jouir de la solde correspondant à leur ancienneté dans leur grade d'officier d'administration.

Ceux qui seraient ultérieurement envoyés aux armées pourront recevoir de l'avancement, toujours à titre temporaire, dans les conditions prévues par le décret du 26 août 1914, modifié par les décrets du 2 octobre et du 16 novembre 1914.

Les nominations d'officiers ou assimilés faites par application de l'article 1er du décret du 12 novembre seront, à l'issue de la guerre, obligatoirement soumises à révision, ainsi qu'il est prévu pour celles effectuées en vertu des décrets des 26 août et 2 octobre 1914, à moins qu'elles n'aient été faites que pour la durée de la guerre, ainsi qu'il est dit au paragraphe 1er de l'article 2 de la présente instruction : en ce cas, elles cesseraient d'avoir effet par le seul fait de la cessation des hostilités.

Le retrait de ces nominations, au cours des hostilités, peut être prononcé par le Ministre dans les mêmes conditions et sous les mêmes formes que celles fixées, par l'article 5 du décret du 2 janvier 1915, pour les nominations temporaires effectuées aux armées par le général commandant en chef.

Infanterie.

Art. 4. Les éléments auxquels l'infanterie peut faire appel se répartissent en quatre catégories principales : les candidats sortant des pelotons spéciaux; les sous-officiers pourvus du certificat d'aptitude à l'emploi de chef de section; les militaires de tous grades présentant des titres exceptionnels, ainsi qu'il est dit à l'article 7 ci-après; les officiers provenant d'autres armes ou de la marine.

Art. 5. Dès l'incorporation d'une classe de jeunes soldats, les commandants de région constitueront, dans le plus court délai possible, des pelotons spéciaux destinés à former des sous-lieutenants de réserve.

Deux facteurs déterminent le choix des militaires admis dans ces pelotons, l'aptitude au commandement et l'instruction générale.

L'aptitude au commandement est constatée par le commandant du dépôt et le général commandant le groupe des dépôts qui adresse ses propositions au général commandant la région. Ce dernier accorde ou refuse l'autorisation de prendre part à l'épreuve d'instruction générale visée au dernier paragraphe de l'article 2 de la présente instruction.

La note de chaque candidat est établie en prenant la moyenne des deux notes d'instruction générale et d'aptitude au commandement, cette dernière étant elle-même la moyenne des notes du commandant du dépôt et du commandant du groupe des dépôts.

Le général commandant la région arrête la liste des candidats à admettre, après correction des compositions par une commission régionale composée d'un officier supérieur et de deux capitaines d'infanterie.

L'accès aux pelotons spéciaux est ouvert :

1° A tous les appelés de la nouvelle classe (ainsi qu'aux ajournés des classes antérieures incorporés avec elle);

2° Aux engagés volontaires, ainsi qu'aux exemptés, réformés ou hommes des services auxiliaires reconnus aptes au service armé qui sont arrivés à leur corps postérieurement au dernier concours;

3° Aux anciens soldats, caporaux ou sergents qui ont contracté un engagement pour la durée de la guerre et ne sont pas en possession du certificat d'aptitude à l'emploi de chef de section.

La durée du cours est de dix semaines.

Les connaissances à donner aux élèves sont celles exigées pour l'obtention du certificat d'aptitude à l'emploi de chef de section.

Le cours portera donc principalement sur l'enseignement militaire et comportera, en outre, les notions indispensables sur les matières suivantes :

Organisation, législation et administration;

Topographie;

Tactique;

Hygiène;

Correspondance militaire.

A l'issue du cours, les candidats sont examinés par une commission présidée par le général adjoint au commandant de la région et comprenant un officier supérieur d'infanterie et un officier instructeur du cours. Cette commission procédera à une sélection très sérieuse des candidats qui lui seront présentés. Son enquête portera tout spécialement sur les candidats qui lui seront signalés par le directeur du cours comme ne paraissant pas complètement aptes à faire des officiers de réserve. La responsabilité du directeur du cours sera engagée au cas où il ne signalerait pas les candidats de ce genre.

Ne devront être proposés au Ministre que les candidats qui seront reconnus réellement aptes à faire, dès ce moment, de bons chefs de section.

Art. 6. A des dates qui seront réglées suivant les besoins, les commandants de région, sur l'invitation du Ministre, adresseront des propositions pour sous-lieutenant de réserve ou de territoriale en faveur de sous-officiers de la réserve ou de la territoriale pourvus du certificat d'aptitude à l'emploi de chef de section.

Chaque fois qu'une demande de propositions de cette nature sera adressée aux commandants de région, le Ministre (Direction de l'Infanterie) fixera les conditions d'ancienneté et les limites d'âge dans lesquelles devront être choisis les sous-officiers proposés et, éventuellement, le nombre des propositions à formuler.

Art. 7. A toute époque de l'année, les commandants de région pourront établir et transmettre au Ministre des propositions pour le grade de sous-lieutenant de réserve ou de territoriale à titre temporaire en faveur d'hommes de troupe des réserves de tous grades, présentant des titres tout à fait exceptionnels et en mesure de rendre des services importants soit aux armées, soit à l'intérieur.

Chacune de ces propositions exceptionnelles sera accompagnée d'un rapport très détaillé, exposant les titres du candidat, sa valeur intellectuelle et morale, l'emploi qui peut lui être confié.

Le Ministre statuera sur chaque proposition qui lui sera soumise.

Art. 8. La circulaire n° 790-C/I du 7 novembre 1914 a déterminé les conditions dans lesquelles les capitaines au long cours (enseigne de vaisseau au titre auxiliaire) pouvaient être admis à titre temporaire comme lieutenants dans l'infanterie.

Avant de rejoindre leur corps sur le front, ces officiers sont astreints à accomplir un stage de quatre semaines dans un centre d'instruction.

La même règle s'appliquera à tous les officiers de marine de réserve mis à la disposition de la guerre pour servir dans les corps d'infanterie. Ils ne seront admis que sur décision du Ministre, après examen de la situation de chacun d'eux.

Les commandants de région transmettront également au Ministre, au fur et à mesure de leur établissement, les demandes faites par des officiers d'administration de l'armée active ou de complément en vue de passer dans l'infanterie pour la durée de la guerre. Ces demandes, revêtues des avis des chefs de services intéressés, seront adressées à la direction dont relève le candidat et transmises, le cas échéant, par les soins de cette direction, à la direction de l'infanterie.

Cavalerie.

Art. 9. A raison des ressources en cadres de l'arme de la cavalerie, aucune nomination de sous-lieutenant à titre temporaire ne sera faite, en principe, dans l'armée active, par application du décret du 12 novembre.

Si la situation venait à se modifier, et si besoin s'en faisait sentir, les propositions nécessaires seraient demandées aux commandants de région.

Art. 10. Pour le recrutement des officiers de complément, il sera organisé des pelotons spéciaux destinés à former des sous-lieutenants de réserve.

Seront admis dans ces pelotons spéciaux, sur leur demande écrite, les candidats qui présenteront les conditions voulues d'aptitude au commandement et d'instruction générale.

L'aptitude au commandement est constatée par le commandant du dépôt et l'officier général ou supérieur commandant le groupe des dépôts qui adresse ses propositions au général commandant la région. Ce dernier accorde ou refuse l'autorisation de prendre part à l'épreuve d'instruction générale visée au dernier paragraphe de l'article 2 de la présente instruction.

La note de chaque candidat est la moyenne des deux notes d'instruction générale et d'aptitude au commandement, cette dernière étant elle-même la moyenne des notes données par le commandant du dépôt et le commandant du groupe des dépôts.

Les compositions, après correction par une commission régionale composée d'un officier supérieur et de deux capitaines de cavalerie, seront adressées au Ministre (Direction de la Cavalerie) qui prononcera l'admission des candidats.

L'accès des pelotons spéciaux est ouvert :

1° Aux jeunes soldats appelés de la dernière classe incorporée dans la cavalerie, ainsi qu'aux ajournés marchant avec cette classe;

2° Aux engagés volontaires.

Art. 11. Le nombre de pelotons spéciaux est fixé à quatre, savoir :

1° A Tours (cuirassiers);
2° A Angers (dragons);
3° A Niort (légère),

pour les élèves provenant des dépôts stationnés sur le territoire du gouvernement militaire de Paris, des 3e, 4e, 5e, 9e, 10e, 11e, 12e et 18e régions;

4° A Lyon (toutes subdivisions d'armes), { pour les élèves provenant des dépôts stationnés sur le territoire des 7°, 8°, 13°, 14°, 15°, 16°, 17°, 19°, 21° régions et de la Tunisie.

Chaque candidat élève officier de réserve emmènera avec lui un cheval de son dépôt.

Chaque peloton comportera 10 à 12 élèves.

La durée du cours est de dix semaines.

L'instruction sera donnée dans chaque peloton par un lieutenant et deux sous-officiers auxquels pourront être adjoints, à titre temporaire, d'autres gradés pour les cours de topographie, d'hygiène, d'organisation, de législation et d'administration.

Les connaissances à donner aux élèves sont celles exigées pour l'obtention du certificat d'aptitude à l'emploi de chef de peloton.

Le cours portera donc principalement sur l'enseignement militaire et équestre et comportera, en outre, les notions indispensables sur les matières suivantes :

Organisation, législation et administration;

Topographie;

Tactique;

Hygiène;

Correspondance militaire..

Les examens de fin de cours auront lieu à Tours pour les candidats des pelotons de Tours, Angers et Niort, et à Lyon pour le peloton de Lyon. Ils seront subis devant une commission composée de : un officier supérieur et deux capitaines de cavalerie désignés par les généraux commandant les 9° et 14° régions.

Ne devront être proposés au Ministre que les candidats qui seront reconnus réellement aptes à faire, dès ce moment, de bons chefs de peloton.

Gendarmerie.

Art. 11 *bis*. Pourront être nommés, à titre temporaire, et pour la durée de la guerre, au grade de sous-lieutenant dans la gendarmerie territoriale, et affectés au commandement d'un arrondissement ou d'une section, les magistrats mobilisés appartenant, comme hommes de troupe ou employés militaires de tous grades, à l'armée territoriale ou à sa réserve. La préférence sera réservée aux sous-officiers; c'est seulement à leur défaut que les brigadiers, caporaux et soldats seront nommés. Les candidats seront pris, en principe, dans la zone de l'intérieur. Ils adresseront leur demande au Ministre par la voie hiérarchique, demande qui devra être accompagnée des pièces suivantes :

Etat des services militaires;

Attestation délivrée par le parquet général dont dépend le candidat et établissant sa situation actuelle comme magistrat.

Ils seront convoqués ensuite devant le chef de légion de la résidence la plus voisine, qui les examinera et formulera dans un rapport sommaire son appréciation sur l'aptitude présumée de chacun d'eux à l'emploi de commandant d'arrondissement ou de section de gendarmerie.

Ceux qui auront été agréés par le Ministre seront nommés tout d'abord aspirants de gendarmerie, s'ils ont le grade de sous-officier, et élèves aspirants, s'ils sont seulement brigadiers, caporaux ou simples soldats. Les uns et les autres seront dirigés sur la garde républicaine, où ils accompliront un stage qui leur permettra d'acquérir l'instruction professionnelle nécessaire et de s'initier aux fonctions de commandant d'arrondissement ou de section de gendarmerie. Ce stage sera d'un mois pour les aspirants et de deux mois pour les élèves aspirants.

A l'issue du stage, dont les résultats seront consignés dans des rapports individuels établis par le colonel de la garde républicaine, les aspirants jugés aptes seront nommés par le Ministre au grade de sous-lieutenant à titre temporaire et affectés au commandement d'un arrondissement ou d'une section de gendarmerie. Quant aux élèves aspirants, ils seront, le stage terminé, nommés d'abord aspirants et mis à la disposition d'un chef de légion, pour être promus ensuite sous-lieutenants à titre temporaire, au fur et à mesure des besoins.

Artillerie.

Art. 12. Les éléments auxquels l'artillerie et le train des équipages peuvent faire appel comprennent :

a) Les sous-officiers admis à l'école de Fontainebleau à la suite du concours de 1914;

b) Les élèves officiers de réserve des classes 1912 et 1913 nommés à ce grade à la suite de l'examen de juillet 1914;

c) Les candidats des divisions d'instruction organisées en 1914 pour les élèves des grandes écoles (polytechnique, centrale, mines);

d) Les candidats élèves officiers de réserve de la classe 1914;

e) Les sous-officiers déjà pourvus du certificat d'aptitude à l'emploi de chef de section;

f) Les candidats sortant des pelotons spéciaux, qui seront organisés dans les conditions ci-après fixées;.

g) Les anciens élèves de l'Ecole polytechnique réformés ou classés dans le service auxiliaire, qui ont satisfait aux examens de sortie et ont été déclarés ultérieurement aptes au service armé;

h) En ce qui concerne les officiers d'administration du service de l'artillerie, les sous-officiers de l'arme déclarés admissibles à la suite du concours de 1914 pour l'admission à l'Ecole d'administration de Vincennes, au titre de la section B.

Art. 13. Dès l'incorporation d'une classe de recrutement, les commandants de région feront constituer des pelotons spéciaux destinés à former des sous-lieutenants de réserve.

Deux facteurs déterminent le choix des militaires admis dans ces pelotons, l'aptitude au commandement et l'instruction générale.

L'aptitude au commandement est appréciée par le commandant du dépôt et le général commandant les dépôts d'artillerie, qui adresse ses propositions au général commandant la région. Ce dernier accorde ou refuse l'autorisation de prendre part aux épreuves d'instruction générale.

Ces épreuves comprennent :

1° Les compositions visées au dernier paragraphe de l'article 2 de la présente instruction;

2° Une composition de mathématiques, d'une durée de deux heures, portant sur l'algèbre et la géométrie élémentaires.

La note de chaque candidat est établie en prenant la moyenne des deux notes d'aptitude au commandement et d'instruction générale. Le général commandant la région arrête la liste des candidats à admettre, après correction des compositions par une commission régionale composée d'un officier supérieur et deux capitaines d'artillerie.

Seront admis sans examen aux pelotons spéciaux :

Les élèves admis ou admissibles, en 1914, à l'Ecole polytechnique (*Journal officiel* des 9 et 11 août 1914), les élèves ou anciens élèves de l'Ecole nationale supérieure des mines ou de l'Ecole centrale des arts et manufactures.

L'accès des pelotons spéciaux est ouvert :

1° Aux appelés de la nouvelle classe (ainsi qu'aux ajournés des classes antérieures incorporés avec cette classe);

2° Aux engagés volontaires, ainsi qu'aux exemptés, réformés ou hommes des services auxiliaires reconnus aptes au service armé, qui sont arrivés à leur corps postérieurement au dernier concours;

3° Aux hommes, dégagés d'obligations militaires, qui ont contracté un engagement pour la durée de la guerre.

La durée du cours est de trois mois. Pour l'artillerie de campagne, lourde ou de montagne, les cours sont organisés, en principe, par région, sous la haute direction du général commandant les dépôts d'artillerie. Le cas échéant, les candidats de plusieurs régions pourront être réunis en un même centre. Pour l'artillerie à pied et le train des équipages, un cours unique est organisé dans un centre désigné et sous la haute direction d'un officier général (1).

Le cours portera donc principalement sur l'enseignement militaire et comportera, en outre, les notions indispensables sur les matières suivantes :

Organisation, législation et administration;
Topographie;
Tactique;
Hygiène;
Correspondance militaire.

A la fin du cours, les candidats sont examinés par une commission comprenant :

Le général chargé de la haute direction du cours : président.
Un officier supérieur de l'arme (2) : membre.
L'officier directeur du cours : membre.

Cette commission procédera à une sélection rigoureuse des candidats présentés et ne présentera au Ministre que ceux qui seront réellement aptes à faire de bons chefs de section.

Art. 14. A des dates déterminées, d'après les besoins des armées et de l'intérieur, le Ministre invitera les commandants de

---

(1) Au 2ᵉ régiment d'artillerie à pied, à Grenoble, pour l'artillerie à pied, sous la haute direction du général commandant l'artillerie de la place; au 17ᵉ escadron, à Montauban, pour le train des équipages, sous la haute direction du général commandant les dépôts d'artillerie de la 17ᵉ région.
(2) Autant que possible de l'armée active.

région à adresser des propositions pour sous-lieutenant de réserve ou de territoriale portant sur une ou plusieurs des catégories visées à l'article 12.

Art. 15. A toute époque, les commandants de région, le général inspecteur permanent des fabrications de l'artillerie et le directeur du grand parc automobile de réserve pourront établir et transmettre au Ministre des propositions pour sous-lieutenant de réserve et de territoriale, à titre temporaire, en faveur des militaires de tout grade ou des hommes dégagés de toute obligation militaire, présentant *des titres tout à fait exceptionnels* et en mesure de rendre des services particulièrement importants aux armées ou à l'intérieur.

Chacune de ces propositions exceptionnelles sera accompagnée d'un rapport très détaillé, exposant les titres du candidat, sa valeur intellectuelle ou morale, l'emploi spécial pour lequel il est proposé. Ces propositions viseront surtout des emplois des services techniques (pour l'artillerie : établissements constructeurs, service automobile, etc.).

Art. 16. Les commandants de région transmettront au fur et à mesure les demandes faites par des officiers d'administration de l'armée active ou de complément, en vue de passer, à titre temporaire, dans l'artillerie ou le train des équipages. Ces demandes, revêtues des avis des chefs hiérarchiques, seront adressées à la direction dont relève le candidat et transmises, le cas échéant, à la direction de l'artillerie. Ces propositions ne porteront que sur les officiers d'administration de 2e et 3e classes.

Art. 17. En ce qui concerne l'admission des officiers en retraite et des officiers de réserve des divers corps de la marine, un examen individuel de la situation de chacun d'eux sera fait pour chaque demande présentée, ainsi qu'il est procédé actuellement pour les anciens officiers de complément qui demandent à être réintégrés.

Génie.

Art. 18. L'admission des jeunes soldats au concours ouvert pour les candidats élèves officiers de réserve demeure réglée par la dépêche du 25 octobre 1914, n° 3, 722-3/4.

Art. 19. Les hommes de troupe de tous grades du génie de la réserve ou de l'armée territoriale qui feront preuve de connaissances générales suffisantes sont autorisés à subir l'examen prévu pour l'obtention du certificat d'aptitude à l'emploi de chef de section.

Les connaissances générales dont il s'agit seront constatées soit par le diplôme de licencié ès-sciences, soit par le diplôme supérieur délivré aux élèves externes de l'Ecole des ponts et chaussées, l'Ecole nationale supérieure des mines, l'Ecole du génie maritime, l'Ecole centrale, l'Ecole supérieure d'électricité, soit enfin par un examen comprenant les compositions visées au dernier paragraphe de l'article 2 de la présente instruction et une composition scientifique, dont le résultat sera traduit par une note d'instruction générale.

Parmi les hommes de troupes ainsi sélectionnés, ne seront d'ailleurs admis à l'examen militaire pour l'obtention du certificat d'aptitude à l'emploi de chef de section que ceux proposés régulièrement par leur chef de corps comme s'étant fait remarquer par leur discipline et leurs qualités militaires.

Le dossier de ces candidats sera ensuite immédiatement constitué par les chefs de corps.

Les propositions faites en leur faveur seront transmises au Ministre (Direction du Génie) et accompagnées :

1° De l'état signalétique et des services;

2° De l'énumération des titres constatant leurs connaissances générales ou de la mention du résultat de l'examen visé plus haut;

3° Du certificat d'aptitude à l'emploi de chef de section;

4° D'une feuille de notes de leurs chefs hiérarchiques.

Ces candidats pourront être nommés par le Ministre sous-lieutenants de réserve ou de territoriale, à titre temporaire, dans la limite des besoins constatés.

En outre, pourront être nommés directement sous-lieutenants de réserve ou de territoriale, à titre temporaire, les anciens élèves de l'Ecole polytechnique, réformés ou classés dans le service auxiliaire, qui ont satisfait aux concours de sortie et ont été déclarés ultérieurement aptes au service armé.

Art. 20. Les hommes dégagés de toute obligation militaire pourront être nommés sous-lieutenants du génie, à titre temporaire, dans la réserve ou la territoriale, dans les conditions suivantes :

Tout homme ayant satisfait à la loi de recrutement et pouvant faire preuve d'aptitudes spéciales, utilisables dans la campagne actuelle, ou de connaissances générales approfondies, pourra contracter, devant un commandant de bureau de recrutement, un engagement conditionnel spécial pour la durée de la guerre, en vue d'accéder au grade de sous-lieutenant du génie.

A cet effet, les commandants de région sont autorisés à délivrer, sur la demande qui leur en aura été adressée, une autorisation de contracter ledit engagement aux anciens élèves des grandes écoles (Ecole centrale, Ecole nationale des ponts et chaussées, Ecole nationale supérieure des mines, Ecole du génie maritime), aux licenciés ès sciences et à tous ceux que leur situation industrielle ou commerciale, ou leurs fonctions civiles, mettent à même de rendre des services immédiatement utilisables dans la campagne actuelle.

Ces engagés conditionnels seront affectés à un dépôt désigné de l'arme du génie (dépôt du 6ᵉ régiment ou dépôts des 5ᵉ et 8ᵉ régiments pour les spécialités chemins de fer et télégraphie).

Ils y accompliront un stage d'une durée maximum de deux mois comme hommes de troupe.

Ils seront spécialement instruits pendant ce stage, en dehors de tout peloton d'instruction, par les soins du commandant de dépôt, qui constituera le plus tôt possible, en leur faveur, un dossier de proposition à transmettre au Ministre (Direction du Génie), qui statuera sur leur nomination. Ce dossier fera ressortir l'emploi qui pourra être donné à l'intéressé. Il devra parvenir au Ministre dans le délai maximum de deux mois visé ci-dessus.

Les engagés qui seront nommés sous-lieutenants seront employés avec ce grade pendant la durée de la guerre.

Ceux qui ne pourront être nommés seront déliés immédiatement de tout engagement par la décision prise par le Ministre sur les propositions faites en leur faveur.

Le nombre des nominations faites par application du présent article sera limité strictement à celui des emplois qu'il est possible d'attribuer aux intéressés.

Art. 21. Les officiers d'administration de l'armée active, de la réserve ou de l'armée territoriale, pourront être admis, sur leur demande, dans l'arme du génie, avec le grade dont ils ont l'assimilation, s'ils ont servi dans le génie en qualité de sous-officier et sur la présentation exclusive de leurs chefs de service actuels.

Les dossiers seront transmis au Ministre et feront ressortir :

a) Les capacités militaires de l'intéressé au point de vue du service dans la troupe;

b) Les emplois qui peuvent lui être donnés, compte tenu **de sa** spécialité;

c) L'avis de ses chefs de service au point de vue de la suppression de son emploi ou de son remplacement éventuel dans cet emploi.

Les officiers d'administration de 2⁰ et 3⁰ classe qui n'ont pas perdu depuis trop longtemps le contact de la troupe pourront être admis immédiatement dans les cadres. Les officiers d'administration de 1ʳᵉ classe et les officiers d'administration principaux, dont les demandes, d'ailleurs, ne seront acceptées qu'à titre exceptionnel, seront tenus d'accomplir dans un dépôt un stage préliminaire de un mois.

A la fin du stage susvisé, ils seront notés par le commandant du dépôt, le général commandant le groupe des dépôts et, s'il y a lieu, par le général inspecteur des dépôts du génie.

Les officiers d'administration de 1ʳᵉ classe qui seront acceptés seront plus spécialement employés comme trésoriers et capitaines chargés du matériel.

Art. 21 *bis*. Pourront être nommés, à titre temporaire, au grade d'officier d'administration de 3⁰ classe de réserve ou de territoriale du génie :

1° Les conducteurs et sous-ingénieurs des ponts et chaussées, qu'ils aient ou non servi dans l'armée active, réunissant les conditions d'aptitude physique pour le service armé et appartenant à l'armée territoriale ou aux deux dernières classes (1901 et 1902) de la réserve de l'armée active;

2° Après un stage de quinze jours, accompli sur l'autorisation du Ministre, dans une chefferie ou un établissement du génie, les hommes de troupe de tout grade de l'armée territoriale, ou ceux dégagés de toute obligation militaire, exerçant une profession susceptible d'être utilisée dans le service du génie et dont l'aptitude professionnelle aura été reconnue.

Les demandes des conducteurs des ponts et chaussées visées à l'alinéa 1ᵉʳ seront instruites dans les formes définies par l'instruction relative aux officiers et assimilés de complément (génie).

Les demandes d'admission au stage visées à l'alinéa 2°, provenant des candidats de la zone de l'intérieur, seront adressées, par ceux présents sous les drapeaux à leur chef de corps ou de service, par les autres au général commandant la région. Ces demandes feront ressortir, d'une manière précise, la situation militaire de l'intéressé et les professions qu'il a exercées.

Elles seront envoyées par les commandants de région aux directeurs du génie de la place chef-lieu de région qui seront chargés de constater l'instruction générale et professionnelle des candidats, soit par la production des diplômes et titres universitaires visés à l'article 19 (2° alinéa), soit par une épreuve écrite qui comportera, outre les compositions visées à l'article 2, une composition scientifique.

Par dérogation aux prescriptions de l'article 2 susvisé, et vu l'échelonnement des propositions à prévoir, les sujets des épreuves seront donnés par les directeurs du génie.

Sur avis du directeur du génie, le commandant de région fera constituer le dossier de la demande d'admission au stage, qui comprendra, outre la demande :

L'extrait de l'acte de naissance (sur papier libre);

L'extrait du casier judiciaire n° 2;

Un certificat de visite médicale;

Une feuille de notes de leurs chefs hiérarchiques;

L'énumération des titres constatant les connaissances générales ou le résultat de l'examen visé ci-dessus;

Une déclaration écrite aux termes de laquelle le candidat fait connaître qu'il n'est pas déjà en instance de nomination dans une autre arme ou service.

Les candidats de la zone des armées, qui feraient l'objet de propositions, sont dispensés de tout examen préliminaire au stage; leurs dossiers seront établis dans les mêmes conditions que ci-dessus.

Tous les dossiers dont il s'agit seront envoyés au Ministre sous le timbre de la 4° Direction.

Les candidats admis au stage reçoivent du Ministre un ordre de convocation. Ils restent pendant la durée du stage dans leur situation antérieure, sous le rapport de la solde et des diverses allocations et prestations.

Ils reçoivent en fin de stage, de leur chef de service, des notes détaillées devant permettre de déterminer les affectations éventuelles à leur donner.

Les nominations à faire en vertu de l'alinéa 2 du présent article ne seront prononcées qu'au fur et à mesure de la constatation des besoins et de la possibilité de confier des emplois aux intéressés.

Service de l'intendance.

Art. 22. Pourront être nommés à titre temporaire, au grade d'attaché de 2e classe ou d'officier d'administration de 3e classe du cadre auxiliaire de l'intendance, les hommes de troupe de tous grades de la réserve ou de la territoriale et les hommes dégagés de toute obligation militaire, qui auront été reconnus aptes à ce grade, après un stage de 15 jours accomplis, sur l'autorisation du Ministre, dans une sous-intendance ou un établissement de l'intendance dirigé par un fonctionnaire du cadre actif.

Pourront être également nommés, sous les mêmes conditions, officiers d'administration de 3e classe du cadre actif, les hommes de troupe de tous grades de l'armée active, comptant au moins un an de service le jour où ils demandent l'admission au stage.

Art. 23. Par exception aux dispositions de l'article précédent :

1° Les hommes de troupe en service aux armées, qui n'appartiennent pas aux sections de commis et ouvriers d'administration, ne pourront pas, en principe, être admis dans le cadre auxiliaire de l'intendance;

2° Les hommes de troupe qui, avant réception de la présente instruction, auront rendu, depuis le début des hostilités, dans un service ou établissement de l'intendance dirigé par un sous-intendant du cadre actif, des services exceptionnels, de nature à établir leur aptitude au grade d'attaché de 2e classe ou d'officier d'administration de 3e classe, pourront être dispensés de la formalité du stage, par le Ministre, sur décision individuelle. Les demandes de dispense de stage seront établies et transmises dans la même forme que les demandes d'admission au stage et accompagnées de notes données dans les mêmes conditions que les notes de fin de stage visées ci-dessous.

Art. 24. Les candidats au stage qui ne seraient pas gradés ou anciens gradés des sections de commis et ouvriers d'administration dans l'armée active doivent exercer ou avoir exercé une profession pouvant être utilisée soit dans le service des bureaux, soit dans le service des subsistances, soit dans le service de l'habillement et du campement.

Art. 25. Les demandes d'admission au stage doivent faire ressortir exactement la situation militaire de l'intéressé, les professions qu'il a exercées et le service auquel il désire être affecté.

Elles sont accompagnées des pièces suivantes :

Etat signalétique et des ser-
vices,
Relevé des punitions,
Eventuellement copie du car-
net de notes;

pour les militaires ou anciens militaires seulement;

Extrait de naissance;

Extrait du casier judiciaire n° 2;

Certificat de visite médicale;

Procès-verbal d'enquête du commandant de la gendarmerie de la résidence;

Indication des diplômes, brevets, certificats, langues étrangères;

Certificat de l'autorité civile attestant que le candidat exerce ou a exercé l'une des professions exigées (pour les candidats visés à l'article précédent).

Ces demandes sont adressées, par les hommes présents sous les drapeaux, au chef de corps ou de service, par les autres, au général commandant la subdivision. Elles sont annotées par ces officiers et par le directeur de l'intendance de la région et transmises au général commandant la région qui les adresse au Ministre, sous le timbre de la 5e Direction. Seules les demandes émanant de militaires des sections de commis et ouvriers d'administration employés dans les stations-magasins sont transmises directement au Ministre par le sous-intendant chef de service.

Art. 26. Les candidats admis au stage reçoivent du Ministre un ordre de convocation. Ils restent pendant la durée du stage dans leur situation antérieure, sous le rapport de la solde et des diverses allocations et prestations.

Ils sont uniquement soumis à des exercices d'ordre pratique.

Ils reçoivent en fin de stage, de leur chef de service, des notes détaillées qui engagent la responsabilité du sous-intendant qui les a données. Ces notes sont transmises, s'il y a lieu, au directeur de l'intendance qui les fait suivre de sa propre appréciation et d'une déclaration formelle attestant l'aptitude ou l'inaptitude du candidat à l'emploi sollicité et les adresse au Ministre.

Service de santé.

Art. 27. Les docteurs en médecine diplômés d'une faculté de médecine française, appartenant à l'armée active, à la réserve et à l'armée territoriale, en service aux armées ou à l'intérieur, pourront être proposés, sur leur demande, pour le grade de médecin aide-major de 2ᵉ classe, respectivement dans l'armée active, la réserve ou l'armée territoriale, à titre temporaire, pour la durée de la guerre, quelle que soit la durée du service déjà accompli dans l'armée active. Les nominations n'auront lieu, toutefois, que dans la mesure des vacances.

Ces dispositions sont applicables aux engagés volontaires pour la durée de la guerre, ainsi qu'aux exemptés, réformés n° 1 ou n° 2 par les conseils de revision, classés dans les services auxiliaires sous le régime de la loi du 15 juillet 1889 et dans le service auxiliaire sous le régime des lois du 21 mars 1905 et 7 août 1913, qui auront été ultérieurement reconnus aptes au service armé, et aux hommes libérés de toute obligation militaire, aptes au service armé.

Les Alsaciens-Lorrains, ayant acquis la nationalité française, à la suite d'un engagement volontaire, qui seront docteurs en médecine d'une faculté allemande, seront traités comme les médecins français, diplômés d'une faculté française.

Pourront également être proposés, sur leur demande et sous les mêmes conditions, pour le grade de médecin aide-major de 2ᵉ classe dans l'armée active, la réserve ou l'armée territoriale, à titre temporaire pour la durée de la guerre :

1° Les étudiants en médecine, nommés au concours à l'emploi d'interne titulaire des hôpitaux dans les villes de faculté, justifiant qu'ils ont effectivement rempli cet emploi pendant une année au minimum et qu'ils sont pourvus de seize inscriptions valables pour le doctorat; ce nombre pourra être réduit à douze pour les internes titulaires justifiant de plus d'une année d'exercice dans cet emploi. Pour l'accomplissement de la durée minimum d'exercice, une année d'internat provisoire pourra entrer en ligne de compte en remplacement d'une année d'internat titulaire.

2° Les élèves de l'Ecole du service de santé militaire ou de l'Ecole du service de santé de la marine pourvus de seize inscriptions de doctorat

3° A titre très exceptionnel, les militaires pourvus d'un diplôme de docteur en médecine, délivré par une faculté étrangère.

Le grade de médecin aide-major de 2ᵉ classe, à titre temporaire, pourra encore être conféré, sur proposition de leurs chefs hiérarchiques, aux médecins auxiliaires ayant servi pendant six mois au moins aux armées d'opérations, qui, pourvus d'au moins

12 inscriptions de doctorat, auront, en outre, été blessés ou cités à l'ordre de la division, du corps d'armée ou de l'armée, et auront été notés par leur directeur du service de santé comme techniquement aptes à remplir temporairement les fonctions du grade de médecin aide-major de 2° classe.

Art. 28. Le cadre des pharmaciens de réserve et de l'armée territoriale, étant actuellement supérieur aux besoins, il ne sera pas fait de nominations dans ce personnel, jusqu'à nouvel ordre. Si de nouvelles nominations devaient avoir lieu, les pharmaciens de 1re classe (ancien régime) et pharmaciens diplômés (régime du 29 juillet 1909) pourraient être proposés, dans les mêmes conditions que les médecins, pour le grade de pharmacien aide-major de 2° classe.

Art. 29. Peuvent être proposés pour le grade d'officier d'administration de 3° classe de réserve et de l'armée territoriale:

1° Les sous-officiers de la réserve et de l'armée territoriale de toutes armes ou services, qui ne sont pas aux armées, dont l'aptitude professionnelle aura été reconnue par les directeurs du service de santé des régions et sous réserve de l'adhésion ultérieure des directeurs de l'administration centrale intéressée;

2° Les sous-officiers de la réserve et de l'armée territoriale des sections d'infirmiers, même s'ils sont en service aux armées;

3° Les caporaux et soldats du service armé des sections d'infirmiers militaires, appartenant à l'armée active, ayant au moins six mois de service, et ceux appartenant à la réserve et à l'armée territoriale, qui auront subi avec succès :

a) L'examen du peloton spécial d'instruction prévu par la notice n° 12, sur l'organisation des sections d'infirmiers;

b) L'examen d'instruction générale visé au dernier paragraphe de l'article 2 de la présente instruction.

Les candidats ayant satisfait à l'examen d'instruction générale seront groupés dans les trois centres d'instruction de Paris, Lyon et Toulouse, où, pendant quatre mois, ils recevront une instruction administrative.

Le rattachement des régions aux centres d'instruction sera effectué d'après les bases suivantes :

Paris : candidats des armées, des 3°, 4°, 5°, 6° et 10° régions et de la région du Nord;

Lyon : candidats des 7°, 8°, 9°, 13°, 14° et 15° régions;

Toulouse : candidats des 11e, 12e, 16e, 17e et 18e régions. Afrique du Nord et Maroc.

La date de l'examen d'instruction générale, celle avant laquelle devront parvenir les demandes d'inscriptions, celle de l'ouverture du cours d'instruction administrative seront ultérieurement fixées par le Ministre.

Art. 30. Dans les circonstances actuelles il y aura lieu d'user le plus largement possible de la faculté, donnée par l'article 31 de l'instruction du 21 mai 1913 sur l'utilisation des ressources du territoire, d'avoir recours pour les hôpitaux complémentaires aux personnels idoines dégagés de toute obligation militaire ou appartenant au service auxiliaire ou à la réserve de l'armée territoriale.

Ces personnels devront être affectés, comme civils requis ou hommes de troupe, aux emplois de médecins et officiers d'administration dans ces hôpitaux (ceux de médecin-chef et de gestionnaire exceptés), et les propositions prévues ci-dessus ne devront être faites par les directeurs du service de santé qu'en faveur de candidats susceptibles d'être envoyés aux armées d'opérations.

Service de la justice militaire.

Art. 31. Pourront être nommés, à titre temporaire, au grade de sous-lieutenant de l'armée territoriale, pour être affectés au service de la justice militaire, les hommes de troupe et employés militaires de tous grades appartenant à cette armée, ainsi que les hommes libérés de toute obligation militaire, sous la réserve que les uns et les autres possèderont le diplôme de licencié en droit et qu'ils seront exclusivement employés dans les conseils de guerre aux armées.

Aux mêmes conditions, les officiers d'administration de l'armée territoriale de tous les services, désirant exercer les fonctions de commissaire-rapporteur, pourront être admis dans les corps de troupe avec le grade dont ils ont l'assimilation.

Pourront également être nommés à titre temporaire, dans les cadres de la réserve ou de l'armée territoriale, au grade d'officier d'administration de 3e classe du service de la justice militaire, les sous-officiers commis greffiers employés dans les conseils de guerre aux armées, qui auront été régulièrement proposés au Ministre par leurs chefs hiérarchiques, comme présentant des titres tout à fait exceptionnels. Chacune de ces propositions sera accompagnée d'un rapport très détaillé, exposant les titres du candidat, sa valeur intellectuelle et morale, l'emploi qui peut lui être confié.

Art. 32. Les anciens sous-officiers comptables des établissements pénitentiaires militaires pourront être nommés, à titre temporaire, au grade d'officier d'administration de 3° classe de l'armée territoriale dans le même service, pour être affectés à des dépôts de prisonniers de guerre ou à des pénitenciers militaires.

Troupes coloniales.

Art. 33. Les sous-officiers d'infanterie coloniale appartenant à l'armée active et réunissant deux ans de grade de sous-officier peuvent être proposés pour être nommés sous-lieutenants dans l'armée active à titre temporaire. Ces propositions sont faites dans la forme et sous les conditions, à l'exception de celles relatives à l'ancienneté minima de service, indiquées à l'article 14 de l'instruction du 2 mai 1914, sur l'établissement des tableaux d'avancement et de concours. Elles sont établies à toute époque, au fur et à mesure que l'aptitude des candidats se révèle. Les candidats doivent être munis du certificat d'aptitude à l'emploi de chef de section.

Les militaires des troupes coloniales qui, ayant suivi les cours spéciaux d'instruction, auront obtenu le certificat d'aptitude aux fonctions de chef de section, mais ne réuniront pas deux ans de grade de sous-officier, ne pourront être nommés sous-lieutenant à titre temporaire que sur le front, par le général commandant en chef.

Art. 34. Les anciens sous-officiers d'infanterie coloniale qui ont accompli 15 années de service actif, qui ont obtenu ou obtiendront le certificat d'aptitude à l'emploi de chef de section, peuvent être nommés sous-lieutenants de réserve à titre temporaire.

Aux colonies, pourront être également nommés sous-lieutenant de réserve à titre temporaire, les fonctionnaires coloniaux qui obtiendront le certificat d'aptitude susvisé. Ces propositions sont établies dans les formes prescrites pour les sous-officiers de l'active.

Art. 35. Les dispositions des deux articles précédents sont

applicables aux stagiaires officiers d'administration et hommes de troupe de l'artillerie coloniale.

Art. 36. Les officiers d'administration à admettre à servir dans les corps de troupe avec le grade dont ils ont l'assimilation devront appartenir à l'armée active et être sortis de l'Ecole de Vincennes depuis moins de quatre ans.

Services d'état-major et du recrutement.

Art. 37. Pourront seuls être proposés pour officier d'administration de 3ᵉ classe de l'armée active les candidats réunissant les conditions prévues par le décret du 27 février 1914, c'est-à-dire les adjudants-chefs ou adjudants des sections de secrétaires d'état-major et du recrutement appartenant à l'armée active et ayant au moins dix ans de services militaires effectifs.

Art. 38. Les propositions pour officier d'administration de 3ᵉ classe de la réserve ou de l'armée territoriale devront être réservées aux adjudants-chefs ou adjudants de la réserve ou de l'armée territoriale appartenant aux sections de secrétaires d'état-major et du recrutement, ainsi qu'à ceux des corps de troupe ou à ceux dégagés de toute obligation militaire ayant accompli leur service actif dans lesdites sections. Ces candidats devront avoir au moins dix ans de services militaires effectifs.

Ces propositions seront adressées au Ministre (Etat-Major de l'Armée; Section du Personnel). Elles devront comprendre :

1° La demande de l'intéressé revêtue de l'avis de ses chefs hiérarchiques ou des autorités territoriales pour les hommes dégagés de toute obligation militaire;

2° L'état signalétique et des services;

3° Des certificats de visite et de contre-visite;

4° Un rapport de la gendarmerie pour les hommes dégagés de toute obligation militaire.

Il doit être entendu que ces propositions seront considérées comme exceptionnelles et établies seulement en faveur de candidats donnant toutes garanties au point de vue de l'honorabilité, de la moralité, de la conduite, et en mesure de rendre immédiatement des services dans un état-major ou un bureau de recrutement.

Interprètes militaires.

Art. 39. Aux termes des décrets des 12 novembre et 3 décembre 1914 peuvent être nommés à titre temporaire pour la durée de la campagne :

a) Au grade d'*officier interprète de 3ᵉ classe de l'armée active*, les hommes de troupe Alsaciens-Lorrains réintégrés en vertu de la loi du 5 août 1914 et non assujettis à un service actif en temps de paix;

b) Au grade d'*officier interprète de 3ᵉ classe de complément* ou d'*interprète stagiaire de complément*, les hommes de troupe de la réserve et de l'armée territoriale et les hommes dégagés de toute obligation militaire.

Il y aura lieu de se conformer, pour l'exécution de ces dispositions, aux prescriptions suivantes :

En raison des circonstances actuelles, un concours ne pouvant être organisé dans les conditions prévues par l'instruction du 21 mai 1910, il ne sera exigé, au point de vue technique, qu'un certificat délivré par l'autorité militaire constatant que chaque candidat connaît, non seulement *à fond*, la langue pour laquelle il demande à être interprète, mais aussi la terminologie militaire.

Les propositions seront adressées au Ministre, sous le timbre de l'état-major de l'armée (Section du Personnel). Elles devront comprendre, outre le certificat dont il est question ci-dessus :

1° La demande de l'intéressé revêtue de l'avis de ses chefs hiérarchiques, ou des autorités territoriales pour les hommes dégagés de toute obligation militaire;

2° L'état signalétique et des services;

3° Des certificats de visite et contre-visite;

4° La liste certifiée des diplômes universitaires dont le candidat est possesseur;

5° Un rapport de la gendarmerie pour les hommes dégagés de toute obligation militaire;

6° Un certificat constatant l'aptitude équestre.

Il est bien entendu que ces propositions doivent être considérées comme *exceptionnelles* et établies seulement en faveur de candidats donnant toutes garanties à tous points de vue. Seuls, pourront être proposés, les hommes appartenant au service armé ou reconnus aptes à ce service par des médecins militaires.

La revision, à la fin des hostilités, des nominations ainsi prononcées et leur retrait éventuel, pendant la guerre, peuvent être effectués dans les mêmes conditions et sont soumis aux mêmes formes que celles fixées pour les nominations au grade de sous-lieutenant ou assimilé par l'article 3 de ladite instruction.

Aéronautique.

Art. 40. Après un stage de quinze jours, accompli sur l'autorisation du Ministre, dans un établissement spécial de l'aéronautique, pourront être nommés, à titre temporaire, au grade d'officier d'administration de 3ᵉ classe de réserve ou de territoriale d'un des services de l'artillerie ou du génie, pour être détachés dans le service de l'aéronautique, soit comme officiers d'administration comptables, soit comme officiers d'administration contrôleurs de matériel, les militaires désignés ci-après :

1° Les sous-officiers de réserve ou de l'armée territoriale des troupes de l'aéronautique;

2° Les employés militaires de réserve ou de l'armée territoriale hors cadres, ou détachés dans le service de l'aéronautique;

3° Les hommes de troupe de tous grades de l'armée territoriale, des différentes armes ou services, ou ceux dégagés de toute obligation militaire exerçant une profession susceptible d'être utilisée dans le service de l'aéronautique, et dont l'aptitude professionnelle aura été reconnue.

Les demandes d'admission au stage, provenant des candidats de la zone de l'intérieur, seront adressées, par ceux présents sous les drapeaux, à leur chef de corps ou de service, par les autres, au général commandant la région. Ces demandes feront ressortir, d'une manière précise, la situation militaire de l'intéressé et les professions qu'il a exercées.

Elles seront envoyées par les commandants de région au Ministre (12ᵉ Direction), qui désignera l'autorité chargée de constater l'instruction générale ou professionnelle des candidats, soit par la production des diplômes et titres universitaires de toute nature, soit par une épreuve écrite qui comportera, outre les compositions visées à l'article 2, une composition élémentaire de mécanique pour les candidats officiers d'administration contrôleurs de matériel.

L'autorité militaire qui aura été chargée de constater l'instruction générale ou professionnelle des candidats fera constituer le dossier d'admission au stage, qui comprendra, outre la demande :

L'extrait de l'acte de naissance (sur papier libre);

L'extrait du casier judiciaire n° 2;

Un certificat de visite médicale;

Une feuille de notes de leurs chefs hiérarchiques;

L'énumération des titres constatant les connaissances générales ou le résultat de l'examen visé ci-dessus;

Une déclaration écrite aux termes de laquelle le candidat fera connaître qu'il n'est pas déjà en instance de nomination dans une autre arme ou service.

Les candidats de la zone des armées qui feraient l'objet de propositions, sont dispensés de tout examen préliminaire au stage; leurs dossiers seront établis dans les mêmes conditions que ci-dessus.

Tous les dossiers dont il s'agit seront envoyés au Ministre sous le timbre de la 12ᵉ Direction.

Les candidats admis au stage reçoivent du Ministre un ordre de convocation. Ils restent pendant la durée du stage dans leur situation antérieure, sous le rapport de la solde et des diverses allocations et prestations.

Ils reçoivent, en fin de stage, de l'officier-directeur, des notes détaillées devant permettre de déterminer les affectations éventuelles à leur donner.

Les nominations à faire ne seront prononcées que si les stagiaires présentent les aptitudes nécessaires, et au fur et à mesure de la constatation des besoins et de la possibilité de confier des emplois aux intéressés.

Le Ministre décidera à quel service de l'armée (artillerie ou génie) appartiendront les officiers d'administration nommés à titre temporaire et détachés dans le service de l'aéronautique.

Les nominations à titre temporaire faites par application du présent article seront annulées de plein droit si l'officier d'administration ainsi nommé cesse, pour une cause quelconque, de pouvoir remplir un emploi dans le service de l'aéronautique. Le militaire dont la nomination aura été annulée reprend, de plein droit et sans qu'il y ait lieu à décision spéciale, la situation dans laquelle il se trouvait avant sa nomination à titre temporaire.

Bordeaux, le 13 décembre 1914.

Le Ministre de la guerre,

A. MILLERAND.

Cabinet du Ministre; Bureau du Personnel des Officiers généraux, Décorations, Affaires diverses et d'ordre général. — N° 1.

Décret relatif à l'avancement dans l'armée pendant la durée de la guerre.

Document abrogé : *Décret du 26 août 1914 relatif au même o'jet, modifié par les décrets des 2 octobre et 16 novembre 1914.*

Bordeaux, le 31 décembre 1914.

RAPPORT AU PRÉSIDENT DE LA RÉPUBLIQUE FRANÇAISE.

Monsieur le Président,

Le décret du 26 août 1914, relatif à l'avancement dans l'armée pendant la durée de la guerre, dispose que, sous réserve de la ratification ministérielle, les officiers promus à titre temporaire ont droit, pendant toute la durée de la campagne, aux rang, prérogatives et avantages pécuniaires résultant du grade ou emploi qui leur est conféré.

Or, il peut arriver que les conditions toutes particulières dans lesquelles sont prononcées les nominations à titre temporaire amènent à promouvoir au grade supérieur un officier qui se montre ultérieurement incapable d'assurer les obligations de ce grade; ces nominations sont, en effet, destinées à combler sans délai les vacances qui viennent à se produire; elles sont faites, le plus souvent, sur place, dans le corps même où s'est ouverte la vacance; le choix ne peut donc s'exercer que sur un nombre très restreint de candidats.

Pour éviter que les officiers promus à tort ne conservent jusqu'à la fin des hostilités, au détriment de l'intérêt général, le grade provisoire qui leur a été conféré, j'ai pensé qu'il y avait lieu de prévoir des dispositions permettant de les replacer dans leur ancien grade avant la fin de la campagne et sans attendre la revision générale à laquelle seront ultérieurement soumises toutes les nominations temporaires.

L'application de ces dispositions serait subordonnée, d'ailleurs, aux mêmes garanties que celles édictées par le décret du 9 septembre 1914 suspendant le fonctionnement des conseils d'enquête pendant la durée de la guerre.

D'autre part, il m'a semblé utile de préciser, conformément à la nature des choses, qu'à défaut de lettre de service spéciale, les officiers promus ou nommés à titre temporaire passent toujours, au point de vue du droit au commandement, après les officiers nommés ou promus à titre définitif, quelle que soit leur ancienneté respective, sous réserve toutefois des prescriptions contenues dans les articles 43 et 57 de la loi du 13 mars 1875.

Enfin, il m'a paru qu'il y avait avantage, au point de vue de la clarté, à fondre dans un texte unique le décret du 26 août 1914, les décrets des 2 octobre et 16 novembre 1914 qui l'ont successivement modifié et les dispositions nouvelles dont j'ai justifié ci-dessus la nécessité.

J'ai fait préparer en ce sens le projet de décret ci-joint qui a été délibéré et adopté par le Conseil d'Etat; j'ai l'honneur de vous prier de vouloir bien le revêtir de votre signature si vous en approuvez la teneur.

Veuillez agréer, Monsieur le Président, l'hommage de mon respectueux dévouement.

Le Ministre de la guerre,

A. MILLERAND.

Décret.

Le Président de la République française,
Sur le rapport du Ministre de la guerre;
Vu la loi du 14 avril 1832 sur l'avancement dans l'armée;
Vu les articles 106 et 107 de l'ordonnance du 16 mars 1838 portant règlement, d'après la hiérarchie militaire des grades et des fonctions, sur la progression de l'avancement et la nomination aux emplois dans l'armée, en exécution de la loi du 14 avril 1832;
Vu les articles 45 et 78 de la loi du 13 mars 1875 et le décret du 31 août 1878;
Le Conseil d'Etat entendu,

Décrète :

Art. 1er. Les dispositions du décret du 26 août 1914 relatif à l'avancement pendant la durée de la guerre, modifié par les décrets du 2 octobre 1914 et du 16 novembre 1914, sont remplacées par les dispositions suivantes :

« Art. 1er. Pendant la durée de la campagne, les officiers de

tous grades peuvent être nommés au grade supérieur à titre temporaire, quelle que soit leur ancienneté de grade; les sous-officiers peuvent être nommés officiers dans les mêmes conditions.

« Art. 2. Toutes les nominations à titre temporaire sont faites
par décisions du général en chef soumises à la ratification du
Ministre de la guerre. Elles n'ont d'effet qu'autant que cette ratification intervient. Le général commandant en chef peut seulement, en attendant cette ratification, faire les désignations nécessaires pour pourvoir par intérim aux emplois vacants.

« Art. 3. Les officiers ainsi nommés par décision du commandant en chef ratifiée par le Ministre de la guerre ont droit, tant
qu'ils restent investis du grade auquel ils ont été nommés à titre
temporaire, aux rang, prérogatives et avantages pécuniaires résultant du grade ou de l'emploi qui leur est conféré; le bénéfice
leur en est acquis à partir de la date de la décision du général
commandant en chef qui les a nommés provisoirement et leur
ancienneté dans le grade est réglée par la date de cette décision;
ils ont, dans ce grade, les mêmes droits à l'avancement que les
officiers promus dans les conditions normales.

« Art. 4. Ils peuvent recevoir, dans leur nouveau grade ou
emploi, une lettre de service leur conférant, quelle que soit leur
ancienneté, autorité sur les officiers du même grade. A défaut
d'une semblable lettre de service, et sous réserve de l'application
des articles 43 et 57 de la loi du 13 mars 1875 pour les officiers
de l'armée active, les officiers nommés ou promus à titre temporaire passent toujours, au point de vue du commandement,
après les officiers du même grade nommés ou promus à titre
définitif.

« Art. 5. Pendant la durée de la campagne, le Ministre de la
guerre peut, par des décisions individuelles spéciales, faire ces-
ser l'effet des nominations à titre temporaire, lorsque cette mesure lui paraîtra nécessaire dans l'intérêt du service. Ces décisions sont prises après avis des autorités ci-après désignées :
Pour les officiers généraux, le général commandant en chef
dans la zone des armées, et, en dehors de cette zone, un officier
général désigné par le Ministre de la guerre et appartenant ou
ayant appartenu au conseil supérieur de la guerre;
Pour les officiers autres que les officiers généraux, s'ils sont
aux armées, le général commandant en chef, ou, par délégation,
soit le général commandant le corps d'armée, soit, s'il s'agit de

troupes ne faisant pas partie d'un corps d'armée, le général de qui elles relèvent; dans les autres cas, le général commandant la région.

Autant que possible, ces avis sont communiqués aux intéressés et ceux-ci appelés à présenter les observations qu'ils croiraient avoir à formuler.

« Art. 6. A l'expiration de la campagne, les officiers nommés ou promus à titre temporaire seront obligatoirement soumis à une revision des grades dans des conditions à déterminer.

« Art. 7. Les dispositions qui précèdent, ne visant que des cas exceptionnels, n'empêchent pas le jeu normal de l'avancement, tel qu'il est prévu pour le temps de guerre par l'ordonnance du 16 mars 1838. »

Art. 2. Le Ministre de la guerre est chargé de l'exécution du présent décret, qui sera publié au *Journal officiel* de la République française et inséré au *Bulletin des lois*.

Fait à Paris, le 2 janvier 1915.

R. POINCARÉ.

Par le Président de la République :

Le Ministre de la guerre,

A. MILLERAND.

Direction de l'Artillerie ; Bureau du Personnel. — N° 69.

Circulaire ministérielle relative au recrutement des officiers de complément du service automobile.

Paris, le 13 janvier 1915.

En vue d'assurer le commandement de nouvelles unités automobiles qui vont être prochainement créées, j'ai décidé de faire appel aux officiers et sous-officiers de complément de toutes armes actuellement dans les dépôts et qui seraient reconnus inaptes à servir ultérieurement dans les formations mobilisées de leur arme, ainsi qu'aux anciens officiers et sous-officiers de complément appartenant à une classe dégagée de toute obligation militaire et qui consentiraient à être employés avec leur ancien grade, pour la durée de la guerre, dans le service des convois automobiles.

Ces candidats devront subir les épreuves fixées par les circulaires des 25 avril et 16 septembre 1913 pour l'obtention du certificat d'aptitude technique automobile, et dont le programme est inséré à la suite de l'instruction du 25 avril 1913 (*B. O.*, P. P., 1ᵉʳ vol. 1913, p. 439 et 440).

Je vous prie de vouloir bien me transmettre, le 5 février au plus tard, les demandes des intéressés, accompagnées d'un certificat de visite et contre-visite médicales constatant leur aptitude physique à l'emploi pour lequel ils sont proposés.

Les épreuves indiquées ci-dessus seront subies au dépôt de matériel automobile et de personnel de Montluçon à partir du 15 février prochain. Les candidats seront convoqués en temps utile par les soins du commandant du dépôt.

A. MILLERAND.

Direction de l'Artillerie; Bureau du Personnel. — N° 74.

Circulaire relative aux conditions exigées des sous-officiers de complément candidats au grade de sous-lieutenant du service des convois automobiles.

Paris, le 22 avril 1915.

Il semble s'être produit des incertitudes sur les conditions dans lesquelles les sous-officiers de complément de toutes armes peuvent être admis à concourir pour l'obtention du brevet d'aptitude technique à l'emploi de chef de section du service automobile, en vue d'être nommés sous-lieutenants de complément dudit service par application de l'instruction du 13 avril 1913.

La circulaire du 13 janvier 1915 a stipulé que les candidats doivent produire des certificats médicaux indiquant nettement que, tout en étant susceptibles d'être utilisés dans l'encadrement des convois, ils sont inaptes à servir ultérieurement dans une unité mobilisée de leur arme (infanterie, cavalerie, artillerie, génie, train).

Cette mesure, qui a pour but de ne pas appauvrir les différentes armes de gradés nécessaires à l'encadrement de leurs unités, doit s'appliquer aussi bien aux sous-officiers qui se sont

trouvés momentanément détachés de leur arme comme conducteurs de voitures automobiles qu'à ceux qui demandent, une fois
devenus inaptes au service dans leur arme, à concourir pour
obtenir le grade d'officier de complément dans le service automobile.

Je vous prie de vouloir bien rappeler ces dispositions aux chefs
de corps intéressés pour l'établissement des certificats médicaux
qui doivent accompagner les demandes des candidats.

Le Ministre de la guerre,

A. MILLERAND.

**Cabinet du Ministre; Bureau du Personnel des Officiers généraux,
Décorations, Affaires diverses et d'ordre général. — N° 31.**

*Décret portant application au corps expéditionnaire d'Orient des
dispositions du décret du 2 janvier 1915 relatif à l'avancement
dans l'armée pendant la durée de la guerre.*

Paris, le 3 mai 1915.

RAPPORT AU PRÉSIDENT DE LA RÉPUBLIQUE FRANÇAISE.

Monsieur le Président,

Les conditions d'éloignement dans lesquelles se trouve le corps
expéditionnaire d'Orient et où il est appelé à combattre rendent
nécessaire l'attribution au général commandant ce corps de pouvoirs analogues à ceux conférés au général commandant en chef
les armées du Nord-Est, en vue de procéder à des nominations
à titre temporaire, pour satisfaire aux besoins de l'encadrement
des troupes et services.

En conséquence, j'ai l'honneur de vous prier de vouloir bien
revêtir de votre signature, si vous en approuvez la teneur, le
projet de décret ci-joint, qui réalise la mesure dont il s'agit, en
rendant applicables au corps expéditionnaire les dispositions du
décret du 2 janvier 1915 relatif à l'avancement pendant la durée
de la guerre.

Veuillez agréer, Monsieur le Président, l'hommage de mon
respectueux dévouement.

Le Ministre de la guerre,

A. MILLERAND.

DÉCRET.

Le Président de la République française,

Sur le rapport du Ministre de la guerre,

Vu la loi du 14 avril 1832 sur l'avancement dans l'armée;

Vu les articles 106 et 107 de l'ordonnance du 16 mars 1838 portant règlement, d'après la hiérarchie militaire des grades et des fonctions, sur la progression de l'avancement et la nomination aux emplois dans l'armée, en exécution de la loi du 14 avril 1832;

Vu les articles 45 et 58 de la loi du 13 mars 1875 et le décret du 31 août 1878;

Vu le décret du 2 janvier 1915 relatif à l'avancement dans l'armée pendant la durée de la guerre,

Décrète :

Art. 1er. Le général commandant le corps expéditionnaire d'Orient jouira, en ce qui concerne les nominations à titre temporaire nécessaires pour pourvoir à l'encadrement des troupes et services placés sous ses ordres, jusqu'au grade inclus de lieutenant-colonel ou assimilé, des pouvoirs attribués au général commandant en chef les armées du Nord-Est par le décret du 2 janvier 1915 susvisé.

En conséquence, les dispositions de ce décret sont applicables à ces troupes et services.

Art. 2. Le Ministre de la guerre est chargé de l'exécution du présent décret, qui sera publié au *Journal officiel* de la République française et inséré au *Bulletin des lois*.

Fait à Paris, le 3 mai 1915.

R. POINCARÉ.

Par le Président de la République :

Le Ministre de la guerre,

A. MILLERAND.

**Cabinet du Ministre; Bureau du Personnel des Officiers généraux,
Décorations, Affaires diverses et d'ordre général. — N° 32.**

*Circulaire relative à l'inscription des sous-lieutenants et assimilés
à titre temporaire sur les contrôles des corps et services.*

Paris, le 12 mai 1915.

La question a été posée de savoir si les sous-lieutenants et
officiers d'administration de 3ᵉ classe à titre temporaire doivent
être rayés des contrôles du corps ou service dans lequel ils comp-
taient avant leur nomination, et inscrits sur les contrôles de leur
nouveau corps ou service d'affectation.

Cette question doit être résolue par l'affirmative.

Les officiers dont il s'agit doivent être inscrits sur les contrôles
des *officiers* de leur nouveau corps ou service.

***

**Cabinet du Ministre; Bureau du Personnel des Officiers généraux.
Décorations, Affaires diverses et d'ordre général. — N° 53.**

*Circulaire relative à la réintégration des hommes promus officiers
de réserve à titre temporaire sur la liste matricule de leur bureau de recrutement.*

Paris, le 23 juillet 1915.

La question a été posée de savoir s'il y a lieu d'appliquer aux
hommes promus officiers de réserve *à titre temporaire*, pour la
durée de la guerre, les dispositions prévues par l'article 25, 3ᵉ
alinéa, de l'Instruction du 20 juin 1910 (*B. O.*, É. M., vol. 71,
p. 18), à l'égard des hommes promus officiers de réserve *à titre
définitif*, en ce qui concerne la réintégration à la subdivision
d'origine.

Cette question comporte une réponse affirmative.

TABLE CHRONOLOGIQUE.

Paris et Limoges. — Imprimerie militaire CHARLES-LAVAUZELLE